Directeur : Antoine Béon
Responsable éditoriale : Adélaïde Lebuy
Responsable artistique : Pauline Ortlieb
Édition : Cécile Brochet
Fabrication : Marine Wiplier
Graphiste : Glen Le Boulicaut
Adaptation des textes : Sophie Koechlin
Mise en page : Émilie Laudrin

Édité par Hachette Livre – 58, rue Jean Bleuzen – 92178 Vanves Cedex
Imprimé par Dimograf en Pologne – Achevé d'imprimer : juin 2021
ISBN : 978-2-01-204904-8 – Édition : 01 – Dépôt légal : juin 2021
Loi n°49-956 du 16 juillet 1949 sur les publications destinées à la jeunesse.

Pour tout renseignement concernant nos parutions, nous contacter par e-mail :
disney@hachette-livre.fr

Pour l'éditeur, le principe est d'utiliser des papiers composés de fibres naturelles, renouvelables, recyclables et fabriquées à partir de bois issus de forêts qui adoptent un système d'aménagement durable. En outre, l'éditeur attend de ses fournisseurs de papier qu'ils s'inscrivent dans une démarche de certification environnementale reconnue.

D'APRÈS LE FILM

Disney · PIXAR

LUCA

hachette
JEUNESSE

À Portorosso, en Italie, tout le monde a entendu parler des monstres qui vivent tout au fond de l'océan. Mais personne ne sait s'il s'agit d'une légende **ou s'ils existent vraiment...**

Une nuit, des pêcheurs voient une forme étrange s'approcher de leur bateau et jaillir hors de l'eau ! Les deux hommes ont si peur qu'ils font tomber leur chargement par-dessus bord en s'enfuyant.

Le lendemain matin, un autre jeune monstre marin nommé Luca Paguro surveille son troupeau de poissons, quand il remarque les objets perdus par les pêcheurs.

– Ouah ! s'exclame-t-il en ramassant un jeu de cartes.

Luca est fasciné. Bien que ce soit très dangereux, il rêve d'explorer un jour le monde qui s'étend à la surface de l'océan…

– Luca, le déjeuner est prêt ! crie Daniela, sa mère, depuis la maison.

L'après-midi, Luca retourne chercher d'autres objets, lorsqu'un scaphandrier le fait sursauter !

– N'aie pas peur, je suis comme toi ! dit l'inconnu en ôtant son casque. Je m'appelle Alberto.

Intrigué, Luca suit le jeune monstre jusqu'à la côte. À son grand étonnement, dès qu'ils sortent de l'eau, **tous deux se transforment en humains !**

– N'est-ce pas génial ? s'exclame Alberto.

Luca repart très vite, mais la curiosité l'emporte… Le matin suivant, Alberto lui apprend à se servir de ses deux jambes.

– C'est le seul moyen pour avancer sur la terre.

Tu vas y arriver !

Dès que Luca peut marcher correctement, Alberto le conduit jusqu'à sa cachette secrète, une vieille tour en ruines. Ébloui par sa collection d'objets humains, Luca s'arrête net devant l'affiche d'une Vespa™.

Vespa
è
libertà

– Tu t'assieds dessus et elle t'emmène où tu veux ! explique Alberto. **Tu m'aides à en construire une ?**

Enchanté, Luca reste pour terminer leur scooter de fortune, puis il se dépêche de rentrer chez lui.

– Tu es en retard ! Où étais-tu passé ? lui reproche sa mère.

– C'est ma faute ! dit Grand-mère Paguro, complice. Je voulais qu'il me rapporte des concombres de mer !

Luca la remercie d'un sourire discret.

Les jours suivants, **les garçons deviennent inséparables.** Luca s'amuse même à utiliser de la bave d'escargot de mer pour se coiffer comme Alberto ! Un jour, leur Vespa™ est enfin prête. Alberto propose à son ami de grimper dessus. Devant l'hésitation de ce dernier, Alberto déclare :

– Tu as un Bruno dans la tête qui te fait douter. Dis-lui de se taire !

– *Silenzio*, Bruno ! hurlent-ils en chœur avant de dévaler la pente, de décoller et de retomber dans l'océan en riant.

GRAZIA

La nuit venue, ils s'allongent en haut de la tour et contemplent le ciel. Alberto pense que les étoiles sont des anchois et la lune, un gros poisson qui les protège.

Luca adore les histoires de son ami. Doucement, il s'endort et rêve qu'ils s'envolent tous les deux vers la lune. Soudain, il se réveille et se lève, affolé :

il a dépassé l'heure autorisée !

À son retour, **ses parents l'attendent de pied ferme.** En effet, ils sont au courant de ses escapades.

– Tu passeras l'été dans les grands fonds, chez ton oncle Ugo, dit Daniela, furieuse. Je t'interdis de retourner à la surface, c'est trop dangereux !

Le lendemain, Luca s'échappe de chez lui et rejoint Alberto dans sa cachette.

– Que faire ? demande-t-il.

– Tes parents ne te trouveront pas à Portorosso, répond Alberto. Et là-bas, il y a de vrais scooters !

L'idée d'explorer le monde ensemble donne aux garçons le courage de quitter la tour, où les parents de Luca ne manqueront pas de le chercher.

– *Silenzio*, Bruno ! chuchote Luca avant de se mettre en route.

Tous deux nagent vers le port en s'amusant,
impatients de trouver la Vespa™ de leurs rêves.

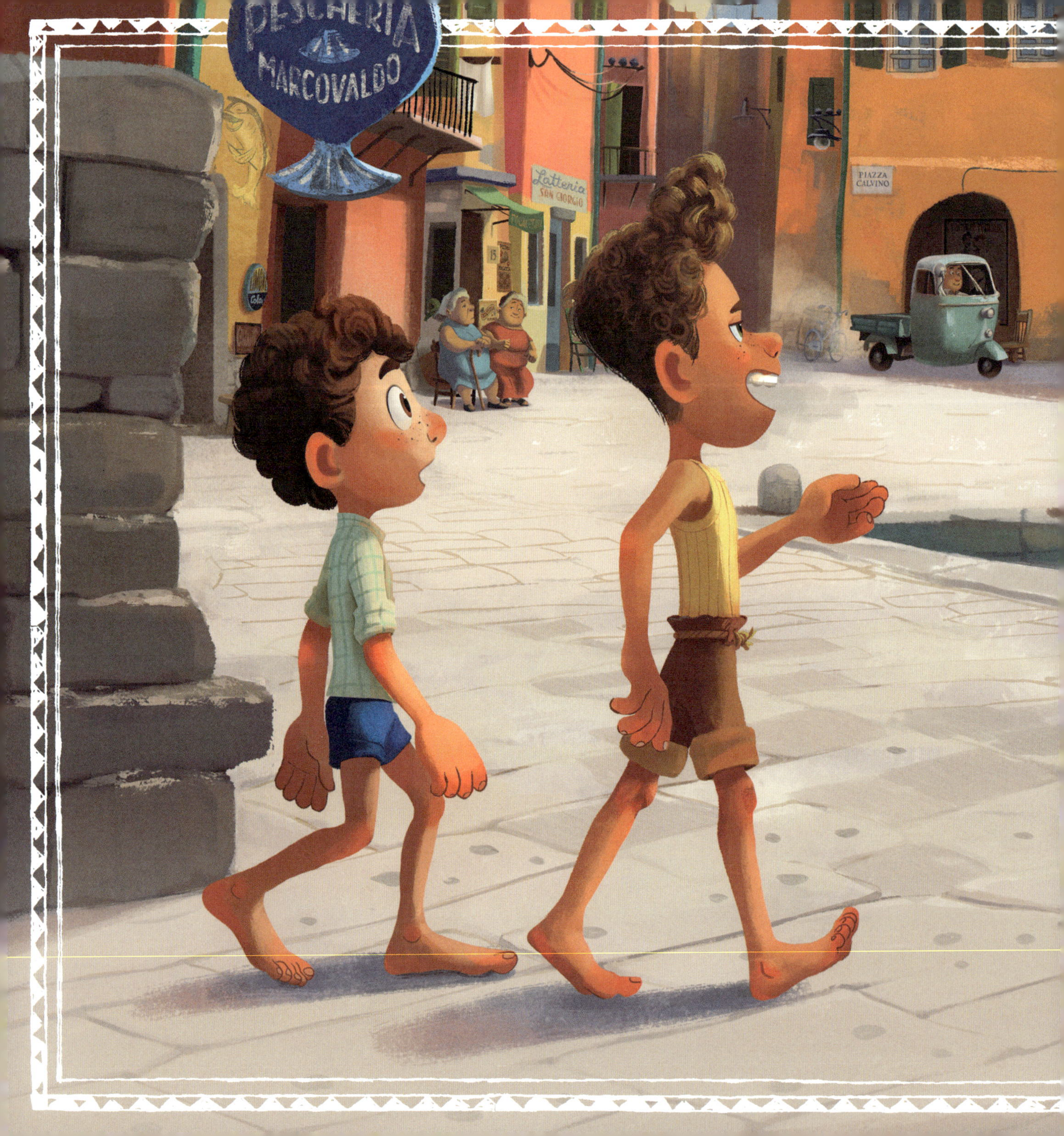
PESCHERIA
MARCOVALDO
Latteria
SAN GIORGIO
PIAZZA
CALVINO

Au village, Alberto rappelle à Luca de ne jamais se mouiller sous peine de se transformer en monstre. Ensuite, ils se dirigent vers la place principale, où les habitants de Portorosso se réunissent pour jouer, parler, rire, manger ou faire leurs courses.

Luca admire les jolies maisons, l'animation du port et des rues, et respire à plein nez les parfums mélangés de la ville, de la mer et de l'été.

TRATTORIA
DA MARINA
Bar
22

Soudain, ils remarquent la sculpture de la fontaine, qui représente un pêcheur en train d'attaquer un monstre. Luca commence à paniquer lorsqu'un dénommé Ercole fait son apparition, chevauchant une superbe Vespa™ !

– Elle est beaucoup trop belle pour vous, lance-t-il aux deux garçons émerveillés.

Et, bondissant de sa machine, **il s'en prend à Luca** et tente de le faire basculer dans la fontaine !

– **Arrête, Ercole !** crie Giulia, la fille d'un pêcheur.

Moqueur, Ercole lui rappelle qu'elle n'a jamais gagné la Portorosso Cup, qui aura lieu dans quelques jours.

Giulia explique aux garçons que cette course comporte trois étapes : il faut nager, manger des pâtes et faire du vélo. Comme la récompense leur permettrait d'acheter une Vespa™ d'occasion, Luca et Alberto lui proposent de faire équipe.

– Montrez-moi d'abord de quoi vous êtes capables ! les défie Giulia en prêtant son vélo à Luca.

Bravement, le garçon commence à rouler, prêt à affronter tous les obstacles !

– **Regarde loin devant !** conseille Giulia lorsqu'elle le voit tomber.

Malgré ses chutes, Luca met tant de cœur à réussir que la jeune fille finit par accepter. Elle nagera, Alberto mangera les pâtes et Luca pédalera.

PESCHERI

Le soir, elle invite les garçons à dîner chez son père. En apprenant que Massimo, en plus d'être pêcheur, est **un chasseur de monstres marins,** Luca crache sa gorgée d'eau sur Alberto ! Heureusement, personne ne le voit.

Afin de payer l'inscription à la course, Luca et Alberto offrent leur aide à Massimo. Puis Giulia les installe dans sa cachette, une plateforme aménagée dans un arbre du jardin.

De leur côté, inquiets, les parents de Luca partent à Portorosso à la recherche de leur fils, transformé en humain.

Au matin, Luca et Alberto, toujours décidés à aider Massimo, le conduisent à un endroit rempli de poissons. Giulia est impressionnée ! Elle se dépêche de les livrer, puis, avec l'argent récolté, **les trois amis vont s'inscrire à la course.**

PORTOROSSO
CUP

En ville, Ercole s'en prend de nouveau aux trois amis.

– Traite-le de poisson-chat, conseille Luca à Giulia. Comme eux, il n'a que deux poils de moustache !

Tout le monde s'esclaffe, **ce qui vexe horriblement Ercole !**

L'après-midi, le trio commence à s'entraîner. Alberto apprend à se servir d'une fourchette pour manger ses pâtes et Luca essaye de dévaler une colline sans tomber.

Enfin, ils prennent la barque de Massimo pour accompagner Giulia nager. Mais à peine sont-ils sortis du port que le canot d'Ercole et ses amis éclabousse Alberto ! Luca parvient à le cacher en le poussant à l'eau.

caccia

Le soir venu, en contemplant le ciel avec Giulia, Luca évoque le poisson-lune d'Alberto. Amusée, la jeune fille lui explique les étoiles et pointe son télescope sur Saturne. Époustouflé,

Luca s'imagine en train de courir sur ses anneaux !

Plus tard, Alberto guide Luca vers un garage pour lui montrer une Vespa™ à vendre. Les deux garçons sont tout excités, mais quand Luca propose de rendre visite à Giulia dans son école durant leurs futures aventures, Alberto devient grognon.

Soudain, Ercole et ses amis sautent sur Alberto et commencent à l'insulter !

– Lâchez-le ! crie Luca en menaçant Ercole avec le harpon qu'il a laissé tomber par terre.

Surprise, la bande les laisse partir.

GOMME RAVATTI
MIGLIORI AL MONDO
OLIO MOTORE

Les jours suivants, le trio s'entraîne avec acharnement.
Alberto enroule de mieux en mieux ses pâtes
et Luca, qui prend des forces, conduit sa bicyclette
avec plus d'habileté et de rapidité.

Même si les trois enfants travaillent dur,
ils n'oublient jamais de s'amuser. Un soir,
Alberto remarque que Luca et Giulia deviennent
très complices, et il est de plus en plus jaloux.

Le lendemain, Giulia montre à Luca le train qui l'emmènera à l'école à la rentrée. Luca rêve d'y aller, lui aussi ! Énervé, Alberto bondit sur le vélo et entraîne Luca dans la pente.

– **C'est moi, son ami !** hurle-t-il à Giulia.

Luca le supplie de s'arrêter, mais Alberto n'écoute rien. Soudain, ils heurtent une rambarde, ce qui les projette directement dans la mer !

Après avoir regagné la plage, ils se battent jusqu'à l'arrivée de Giulia, très inquiète après leur chute.

– Est-ce que ton école accepterait des monstres marins ? lui lance Alberto, exaspéré.

Puis il se laisse tomber dans l'eau et se transforme sous ses yeux ! Alertés par les cris de dispute, Ercole et sa bande dévalent les rochers. Luca, qui ne veut pas révéler son secret, regarde avec tristesse Alberto s'échapper dans les vagues.

Le soir venu, Massimo demande à Giulia et à Luca s'ils savent où est leur ami.

– Non, répond Luca. Mais je ne pense pas qu'il veuille qu'on le retrouve.

– On ne sait jamais…, dit Massimo en quittant la maison.

Dès qu'il est parti, Giulia lance un verre d'eau sur Luca, **ce qui révèle son identité.**

– Mais à quoi pensiez-vous, tous les deux ? se fâche-t-elle. Il faut partir d'ici, c'est trop dangereux !

Luca rejoint la tour et s'excuse auprès d'Alberto.
– Depuis combien de temps vis-tu seul ? demande-t-il, tout étonné.

– Mon père est parti depuis si longtemps que j'ai arrêté de compter, révèle Alberto.

– **Je vais gagner cette course !** décide alors Luca. Ensuite, nous achèterons notre Vespa™ et nous partirons tous les deux explorer le monde ! promet-il.

Le lendemain, Luca se présente au départ dans le scaphandre d'Alberto.

– C'est une très mauvaise idée, lui chuchote Giulia.

Mais Luca plonge sans hésiter et parvient à courir sous l'eau !

Au début, Ciccio, l'un des amis d'Ercole, est en tête de la course. Mais l'huile dont il est enduit attire tant de poissons autour de lui qu'il finit par ralentir, laissant Giulia atteindre la première l'arrivée.

Après s'être rhabillée, Giulia se rue sur son assiette de pâtes et l'avale à toute allure.

Bon dernier, Luca espère qu'il pourra rattraper le temps perdu sur son vélo…

Alors qu'il pédale comme un fou, dépassant Ercole stupéfait, ses parents le reconnaissent et essayent de l'arrêter.

– Désolé, Papa, désolé, Maman, mais je dois terminer la course ! crie-t-il, déterminé.

Brusquement, il se met à pleuvoir !

Pour protéger Luca, Alberto accourt avec un parapluie, mais Ercole se débrouille pour le faire tomber. Trempé, Alberto se transforme, et Ercole le capture à l'aide d'un filet !

Son apparence dévoilée aussi, Luca charge Alberto sur son vélo avant de descendre en trombe la colline.

– Tu es vraiment fou ! dit Alberto, débarrassé du filet.

Ercole tente de les arrêter en leur jetant son harpon, mais, d'un coup d'épaule, Giulia lui fait rater son coup et tombe à ses côtés. Devant la foule abasourdie, Luca et Alberto s'arrêtent aussitôt pour porter secours à leur amie.

Fou de rage, Ercole bondit devant Luca et le menace.

– **Mes amis ne sont pas des monstres !** intervient Giulia.

– Ah oui ? Et qu'est-ce qu'ils sont, alors ?

– Je sais ce qu'ils sont, moi ! dit Massimo en attrapant le bras d'Alberto et en le levant en l'air. Ce sont tous les deux les vainqueurs de cette course !

Tandis que la foule applaudit, **Giulia explose de joie !**

– Mais ce sont des monstres ! hurle Ercole.

Puis il se met à insulter Ciccio et Guido, qui, lassés, le poussent dans la fontaine à la satisfaction des villageois.

ARRIVÉE
PIAZZA CALVINO

Tout émus, Daniela et Lorenzo accourent pour serrer enfin leur fils dans leurs bras. D'autres spectateurs referment alors leur parapluie, montrant qu'ils sont, eux aussi, des monstres marins…

Le soir venu, Massimo invite toute la famille à dîner, y compris Grand-mère Paguro. Les garçons, qui ont enfin pu acheter leur Vespa™ d'occasion, s'amusent à faire des tours avec Giulia.

GENOVA

Le lendemain matin, tout le monde se rend à la gare car Giulia doit retourner à l'école. Alberto fait alors une surprise à Luca : il a revendu la Vespa™ pour lui payer un billet de train. **Luca part à l'école,** avec l'accord de Daniela et Lorenzo !

2
ROTAIE

– Moi, je reste avec Massimo. Je crois qu'il aura besoin de moi, explique Alberto.

Puis il serre Luca très fort contre lui, sachant que leur amitié les unira pour toujours.

Après l'avoir remercié et dit au revoir à sa famille, Luca monte dans le train. Et quand celui-ci démarre, il se poste sur le marchepied et reçoit la pluie sans se cacher,

prêt à vivre de nouvelles aventures !